Das dunkle Zimmer

Frank Dan Hofacker, 1964 geboren in Ludwigshafen/Oggersheim. Nach mehreren Reisen durch Europa folgte eine lange Reise quer durch die Vereinigten Staaten. Hier entstanden die ersten literarischen Experimente Ende der 1980er Jahre. Erster Vortrag der Arbeiten in einem Club in Brooklyn zusammen mit Musikern aus Brooklyn. Zurück in Deutschland, Anfang der 1990er Jahre, belegte er einen Kurs für Drehbuchschreiben und einen Kurs für kreatives Schreiben. Es folgten weitere Textexperimente, Essays und Kurzgeschichten. Er setzte sich mit den Autoren der Beat-Generation und deren literarischen Experimenten auseinander. Eignete sich über Jahre tiefgehende Interessen an der französischen Literatur des 20. Jahrhunderts an. Studierte auf autodidaktischen Weg die Werke von André Breton, Paul Éluard, Jean Genet, Henri Michaux, Hans Arp und viele weitere Künstler. Mitte der 1990er Jahre wurde eine Auswahl der literarischen Arbeiten auf S2-Kulur in der Radiosendung "Buchzeit" vorgetragen. Jahre später, neu inspiriert, begann das Interesse die Arbeiten zu verlegen und das Schreiben wieder aufzunehmen. 2011 erschien das erste Buch: Das dunkle Zimmer.

Frank Dan Hofacker

Das dunkle Zimmer

Lyrik

Bibliografische Information der Deutschen Nationalbibliothek:
Die Deutsche Nationalbibliothek verzeichnet diese Publikation in der
Deutschen Nationalbibliografie; detaillierte bibliografische Daten sind
im Internet über http://dnb.dnb.de abrufbar.

Originalausgabe 2011
Copyright © 2011 by Frank Dan Hofacker
Satz und Layout: Frank Dan Hofacker
Umschlaggestaltung: Frank Dan Hofacker
Korrektur Text: Ronja Chiara Billik
Foto Umschlagvorderseite: Frank Dan Hofacker

© Umschlagfoto: www.thebog.de

Herstellung und Verlag: BoD
Books on Demand, Norderstedt
Printed in Germany   ISBN 978-3-7322-3878-1

Alle Rechte in allen Ländern vorbehalten.
Kein Teil dieses Buches darf in irgendeiner Form
ohne schriftliche Genehmigung des Autors
reproduziert oder unter Verwendung elektronischer Systeme
verarbeitet, vervielfältigt oder verbreitet werden.
Außer im Falle von kurzen Zitaten verkörpert in
kritischen Artikeln und Rezensionen.

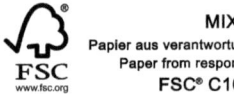

Vielen Dank meiner Frau Laurence
für die mentale Unterstützung

Vielen Dank an »Ronja Chiara Billik«
für das Korrekturlesen meines Buches

meiner Frau Laurence
meinen Eltern Helga und Karl-Heinz
sowie Beate und Ronja die zu meiner Familie gehören
ebenso all meinen Freunden
und all jenen, die das Leben lieben

INHALT

Vorwort 9
Prolog 11
Die Stunde verlassen 15
Der Wandler 16
Die Reise 17
Einfach nur glücklich 18
Hinrichtung 19
Gemälde der Dauer 20
Heute nüchtern und morgen dort 21
In der Nachbarschaft 22
Jeder von uns 23
Leerer Besuch 24
Lichtnacht 25
Verraten 26
Warten auf was? 27
Zeit – Schrift 28
Das Innenohr 29
Hoffnung 30
Hautstürme 31
Heute und morgen 32
Hier nicht 33
Komposition im Tod 34
Luft 35
Nihilistische Improvisation 36
Ohne Worte 38
Von gestern 39
Zurück 40
Dada 41
Der Morgen beginnt in mir 42
Etagen für niemanden 43
Frühlingstag 44
Labyrinth ohne Schatten 45
Man wird nicht älter 48
Mit dir auf der Autobahn 49
Tanz der Blüten 50
Wachsein 51

Weiter 52
Über Fluss ist Gegenwind 53
Der Krieg gerät in Verzückung 57
Die Wege der Narren 58
Wohin 59
Verbindungen 60
Vom Ende weit entfernt 61
Nur raus hier 62
Ohne Titel 63
Zerstört 64
Tangerflöte 66
Irgendwo in Brooklyn 67
Umkehr 69
So richtig jung 70
Sechs Stunden in die Zukunft 73
Eine Freundin erzählt 75
Ein Lächeln bis Freund kam 77
Rostiger Weinbrand auf Trauerzug 79
In Spring Lounge 81
Amerika 84
Die Stille 86
Ich liebe Millionäre 88
Der Mantel der Schönheit 89
Es isst 91
Brooklyn Williamsburg jan. 1989 92
Schlusswort 94
Kontakt 96

VORWORT

Die Gedichte entstanden in den Jahren während und nach dem zweiten Golfkrieg, 1990 bis 1994.
Nicht allein der Konflikt im Nahen Osten war der Auslöser dafür mich hinzusetzten und Gedichte gegen den Krieg zu schreiben. Zumindest ein Teil meiner Arbeit sehe ich als Antikriegsgedichte. Sie sind aber auch Teil von dem, was sich in mir, zur damaligen Zeit bewegte.
Ein innerer Zustand, hervorgerufen durch äußere Umstände, unausgeglichen und ängstlich zum Teil, aber auch voller Hoffnungen und Antrieb dazu, etwas verändern zu wollen.

Zunächst bekam nur ein kleiner Kreis meine Arbeiten zu lesen, später fanden sie Platz in musikalischen Experimenten zusammen mit Freunden.
Eine Auswahl meiner Gedichte wurde am 07.06.1995 in der Radiosendung „Buchzeit" auf S2-Kultur vorgetragen. Moderiert von Ady Henry Kiss.
Dann verschwanden meine Arbeiten, verpackt in einem alten Reisekoffer, gerieten in Vergessenheit. Erst fünfzehn Jahre später öffnete ich den Koffer, las meine Arbeiten mit der Sicht eines von außen kommenden Beobachters. Ich sah alles, was einmal war wie einen Film aus alter Zeit.

PROLOG

Wie gewöhnlich war es spät in der Nacht als ich mich, bereits im Schlafanzug, zum Lesen auf meine Matratze legte. Ich zog meine schwarze Bauhauslampe, die direkt neben mir auf dem Boden stand an mich heran, strampelte meine Bettdecke zurecht und warf noch einmal einen prüfenden Blick durch das kleine Sichtfenster meines ebenso kleinen Holzofens. Das orange flackernde Licht sowie das schüchtern knackende Holz gaben mir das wärmende Gefühl zuhause zu sein.

Der Ruhe nach zu urteilen waren meine Mitbewohner in den anliegenden Räumen, die sich den Flur entlang reihten wie Kasernenzimmer, längst eingeschlafen.

Unter den unzähligen Büchern, welche sich neben meinem Schlafplatz türmten, wählte ich ein Buch von Paul Auster. Ich schlug die erste Seite auf und es dauerte nicht lange, bis mich das dürre Licht und die kleine Typographie trotz packendem Romananfang schläfrig machten. Mein Kopf knickte aus meiner Handstütze, und kurz bevor ich in die Untiefen des Schlafes sackte, knipste ich das Licht aus.

Gerade in dem Augenblick als ich die unterste Stufe des Schlafes betreten, die hintersten Winkel meines Traumes erforscht und mich Hunderte von schwermütigen Bildern in einen Schlund ohne Boden gestoßen hatten, schepperte das Telefon.

Völlig benommen tastete ich nach dem Lichtschalter der Leselampe.

„Wo ist dieses verdammte ...?", ich unterdrückte einen Wutschrei, biss auf meine Lippe, dass es schmerzte, während das Telefon immer aggressiver klingelte, als schlüge es Feueralarm für das gesamte Wohnviertel.

Wie gerne wäre ich, gleich einem Volleyballspieler im Hechtbagger, auf das Telefon gestürzt.

Dann Licht - kurz orientieren - auf Knien robbte ich wie ein Rekrut durchs Gelände in die andere Zimmerecke. Meine Knie brannten wie Brennnesseln.

Ich riss den Hörer vom Gehäuse, presste ihn an mein Ohr. Instinktiv sagte ich nichts und das einzige was ich hörte war ein Rauschen, unterbrochen von einem metallischen Klicken. Dann legte am anderen Ende jemand auf.

Wie benommen saß ich noch eine Weile auf dem Boden und starrte das Telefon an. Es blieb stumm. Die Stille lag plötzlich wie ein schweres Tuch über mir.

Es war Donnerstagnacht und meine kleine digitale Uhr blinkte auf 3:40 Uhr. Ich schlich wieder zurück in mein Bett, vergaß meine brennenden Knie. Am Fußende stand wie unschuldig meine elektronische Schreibmaschine. Sie machte den Eindruck als wollte sie sich, geschmeidig wie eine Katze, auf meinen Schoß setzten und anfangen zu brummen. Ihr Körper sonst grau und abgeschliffen strahlte wie ein Schmuckstück im Juwelierladen. Ich berührte sie. Zog sie weiter nach oben und stellte sie vor mich auf mein Bett. Behutsam, als öffnete ich den Deckel einer wertvollen Lade hob ich den Deckel und sah auf die Buchstaben. Die schwarzen Tasten glänzten wie frisch poliert und die Ränder waren vom Licht meiner Lampe umsäumt. Meine Fingerkuppen fühlten sich samtig an. Ein Verlangen, die Tasten zu berühren, wie den Rücken einer schönen Frau brannte in mir.

Ich klopfte einen Stapel Papier auf den Boden und

legte ihn in das dafür vorgesehene Fach. Das Stromkabel samt Verlängerung schlängelte sich quer über meinen Zimmerboden. Eine kleine grüne Leuchtdiode signalisierte, dass meine Schreibmaschine bereit war. Ich fing an zu schreiben.

DIE STUNDE VERLASSEN

ich freue mich auf die arme des tages
die mich umschlingen und verzehren
so wohl ist es in deiner haut zu erwachen
die duftend die nacht verlässt
ein schleier dein wesen umhüllt
der mich bedeckt mit dornigen händen

wach werde ich mit modrigen gliedern
und zornigem haar
beginne tanzend den tag mit den wolken
die ziehen durch das träumende
dunkel der sonne
bewege mich stundenlang endlos
und nirgends
zu suchen wo nichts zu finden ist

wartend auf ein heilendes bad in
deinen augen
schließe ich über der zeit die wunde
unseres schreies
so dass wir schreien können
hinter dem rücken des schreis'
zum lunch wir uns mit träumen stärken
und baden in dem trunkenen see der liebe
belauschen den atem der geburt
der surrt durch die täler des koitus

DER WANDLER

er ist im schatten seiner venen geboren
er späht aus der krypta seiner haut
er wandelt da sonst er ergraut
er ruht an rändern
murmelnden grases
er schläft einen weiblichen stein

er träumt in heutürmen von feuer
er wacht auf und ab die arme rot
er entflammt in abendlichen spiegeln
er durchquert das land in zügen aus luft

er begräbt seine augen
die nach ihm umtun
er isst seine ohren die ihm zu laut
er verschenkt seine nase
da er sie ohne augen
nicht mehr sehen kann
er wirft seinen atem voll meereshaar
tief dem jungfräulichen aderlass

so nun sein heimgang sei
endlos und endlich
er sein tausendjähriges lachen
gespreizte adern entseelt
er ist im schatten seiner venen geboren

DIE REISE

abermals im dunkel begegnen
dein antlitz mein echo
den spiegeln
schläfriger gewässer
über den rand
des schattens
bist du
die einzige welle

EINFACH NUR GLÜCKLICH

manchmal ist es besser
allein zu sein
manchmal ist es besser
zu zweit zu sein
manchmal ist es besser
unter vielen zu sein
manchmal ist es besser
nicht zu sein

HINRICHTUNG

ah- durch taumelnde
sternwehen
den schrei der schlange hören

in den faulenden apfel
sie mit wonne beißt
und ihre haut vibriert
im abendmord

gestellt und erhängt
von feuchten händen
gepeitscht
lachend in den tod
die stricke reißen
urinierend beim letzten
gebet
das uns christen
in den himmel hebt

GEMÄLDE DER DAUER

so male ich den weltzirkus
mit all seinen
fiktiven athleten aus
dem jenseits

schenke ihnen leere brücken
nervöse linien und striche milchkirchen
und innenbäume

reiße die rinde von den meeren
die haut der sterne das fleisch der gassen
bärtige höhlen nuklearen frohsinn
wirre krieger der leere

so kam ich traumwandlerisch einher
mit dem wissen von nichts
die farben des lebens
zu inhalieren und mit keuchendem husten
dem nichts in form von bildern
entgegenzutreten
um zu erkennen
das der finstere berg
der einsamkeit den ich
zu sprengen versuche
nur noch massiver wird

HEUTE NÜCHTERN UND MORGEN DORT

einst die städte erwachten
zu liebkosen die türme des
albtraums
skizzierten chaos und aggression
in des menschen haut
bis der hall des schmerzenschreis
in den gemäuern erlischt
und die wege zu wiesen und wäldern
den erdball zerbricht

IN DER NACHBARSCHAFT

drüben
schreit ein neugeborenes
unterm gras
und der fürst
schlängelt seine zunge
über den zaun
wir sollen kein blei
in sein grün jagen
da sein junges gerade zu atmen beginnt

JEDER VON UNS

der der tanzt wird sagen er sei tänzer
der der schreibt wird sagen er sei dichter
der der malt wird sagen er sei maler
der der musiziert wird sagen er sei musiker
der der prophezeit wird sagen er sei prophet
der der diebelt wird sagen er sei dieb
der der wandelt wird sagen er sei träumer
der der speist wird sagen er sei arbeiter
der der sitzt wird sagen er sei denker
der der schreit wird sagen er sei taub
der der tötet wird sagen er sei mensch

LEERER BESUCH

wie vielen menschen werde ich begegnen
deren geister verlogene messer zücken
geschworene die dem richter unsympathisch
bin ich opfer oder täter?
würger oder henker?
fleisch oder laub?
bin ich gefangener jener ertrunkenen
im hurrikan der zeit?
meine wurzeln zerreißen und bluten
stürmen durch die trauer ihrer selbst
in fruchtloser erde sich verzweigen
wo sich tiefer und tiefer gräbt
meine angst

LICHTNACHT

wenn hallen worte aus schicksal spiegeln
ganz weh ach nun die arme stumm
er redet nebst sich selbst der tau
zu eis sein schatten der ihm fremd
seine extremitäten fuchteln gleich
zweige im sturm
seelengeröll sonnenschwarz seine lippen
zerkratzt zu farben allen schenkens
grün vollenden der natur
rot der dornenkranz irdischen zitterns
blau des himmelschwanes kind und zorn
rosa das fleisch aus rot und tränen
gelb die kraft verdunkelt adern leer blut
schwarz der schrei verstummt zu füßen
des kreuzes
stumm sein kopf sich neigt und
schweigt in allen worten

VERRATEN

herrje, ich habe angst im getreide
ein zeuge gestand
wie ich einen roggen verführte
ein blasebalg war zornig da ich mich
ohne ihn befriedigte
nun erhängt sich der zeuge im roggen
der steif und pulsierend den
blasebalg erschlug

jetzt hatte ich zwei geschlechtsteile
und einen defekten blasebalg
ich verführte den toten zeugen
und kleidete mich in seinen samen
erleichtert lag ich nun wieder
im getreide und
ein blasebalg verrät mich nicht

WARTEN AUF WAS?
(Houston)

als ich ankam
und die klingel drückte
und niemand
die tür öffnete
stand ich
in der
dunkelheit
und wartete
am zugefrorenen fluss
nach schier
endloser zeit
lief ich rüber
niemand öffnete
und ich erfror
auf den stufen
vor einem leeren haus

ZEIT – SCHRIFT
(drei minuten horizontaler blick)

zwei zwei doppelpunkt vier sieben
puppe geschlitzter hals
asche abstreifen
spargelfinger zerreißen auge
drei alte lampen geschmolzen
kunststoff material
material alles
toben burroughs stimme
aus dem kühlschrank
zu hell sterben zu hell
hinter geschlossenen
lidern rauch tränen
blutiges wasser im rekorder
time runs
zwei finger zwei doppelpunkt zwei
fünf null

DAS INNENOHR

tage an denen der mensch meine nahrung
tage an denen ich schreie, doch
alle ohren gestorben
wo landen meine worte
gleichen sie keiner sonne
dort, atme ich das dunkel
das lichtblonde fernweh
traumbrücken nicht nur von ohren gehört
sondern sich im fleischigen gestirn
der seele vermählen
worte die immer fremd und kot
worte die entrinnen
und verdorren im labyrinth

HOFFNUNG

sie können uns
nicht erreichen
werden sich in
ihrer hast
über die eigenen
füße laufen
können unsere köpfe
nicht nach hinten
drehen
da ihre hände nur
brechende zweige
sind

HAUTSTÜRME

just sitze ich unter hoher decke
und niedrigem kleid
nichts ist von bedeutung
außer dem lachen und weinen

just überquere ich
den schwitzenden ozean
deiner innenhaut

das pausbäckige himmelsfleisch
sich peitscht das große vergessen
bis wir erliegen dem endlosen
schlaf der sonne

HEUTE UND MORGEN

erschöpft liege ich in deinem haar
für alle reste dieser welt
denen das leben gewidmet ist

HIER NICHT

seit ganz wach, wohlauf oh gräser
im grünem gras winterlicher atem
bedeckt von der schlaflosigkeit der kälte

hört hört den tau der summt
über euren bleichen stängeln

oh erwacht - unter einem
dahingelatschten fuß

begrünt was zu grünen euch gedenkt
spielt in eurer verrücktheit verrückt so irr
und stark, dass ihr alle boshaftigkeiten
von euch drängt

seit wild grünt zügellos bemanteln
die wolken
vergesst jene die euch köpfen,
wachst – wachst
und tragt mich, auf euren schultern fort

KOMPOSITION IM TOD

komposition im tod verharre
gedeihe schrei keiner herkunft
wach war's gewesen unterm
rock welker ideen
die verschmolzen im unendlichen

atmend gefräßige luft der ironie
die in kerker
mich stößt
willkürlich entflohen aus einem
einzigen lied
die leier, das sopran, die geige

suchend nach dem bildnis der erde
entblöße das solo, sich beflügelt
von klängen ferner stille schwer

feingewebte haut hand ruine entrinnen
durch großmaschige netze
schwangerer gewässer
all und ein dunkler schmerz
der sinkt zu den melodien der grenzen
den ungrenzen zweigeschlechtlicher zeit

die komponiert
dauer und tag
die ich spiele bis die zeit versteht zu stehen

LUFT

graben wir tief in der erde
untergraben des baumes wurzel
vergraben unsere vergangenheit
begraben unsere ordnung
die krone
den milchzahn
die streckenlose strecke
die arche noah
den traum unserer männer
die kulturen der
chinesen
geronimos skalp
unsere gebeine und häuser
graben wir tief
und versuchen zu atmen

NIHILISTISCHE IMPROVISATION

wie frei mit dir meine zunge dichtung
nachdenkend an die decke starrend
wo zungen über wege im wortland irren

meine wegbahn durch leuchtend wache
kellergräser
spielend in erdlöchern mein wort
feuchter wiese
und alle trauer spielend als kind im gras

das wächst zu den melodien der sterne
die meine augen sanfter lüge rauer
wahrheit erhellen
mich an nichts denken lassen

außer an das grün der wolken
und die schwerelosigkeit der berge

an die herabfallenden blätter im frühling
und die schattenseite meines herzens

anstatt hinauszugehen den frohweiden
lauschend
so meine feder einer feder gleicht

doch atmend die schrift geführt von
wolkenhand

gleich den fischen traumlos treibend
im meer
von räumen ohne wände umgrenzt

wo mir so wohl ist in der meeresmulde
reicher dichtung zu baden
ertrinkend ohne zu ertrinken
in den marmornen bädern
des wahnsinns

OHNE WORTE

würde ich sagen
ich wäre ein mund
wollte ich keine
zunge haben

VON GESTERN

verlieren wir uns
zwischen den beinen der jugend
die umherirren
auf flügellosen gassen
auf hilflosen gleisen
einer wunderbar zeitlosen nacht

gezwungen hat man uns
zu lächeln
gezwungen hat man uns
zu trauern
allein dem schrei dem wir begegneten
in erschreckender stille
zweifelt nicht an seiner tugend

erwacht in den ruinen sind
die stimmen der schlösser aus brot
erwacht sind wir in uns
für die stimme des morgens
erwacht sind wir aus
den schläfrigen tälern der lethargie
erwacht sind wir

über dem müden berg der angst
groß sind die hände des tages
grässlicher und schöner
als ein traum
der traum aller
kein spiegel zu sein

ZURÜCK

zeigt mir die jüngste frucht
begnadeter bäume
die hände der fels umherirrend
im durchsichtigen herbst lauernd
auf das mahl des winters
zeigt mir den berg
der sich paläste vom halse schüttelt
fern von jenen hochmütigen die
über land und leid stiefeln
gleich einem wolf im schafspelz
von jenen die speisen genüsslich
gehäutetes elend und in vergoldete seen
bäder des unfugs nehmen
von jenen die leere bäuche treiben
durch den irrsinn des stahls

zeigt mir den jüngsten baum
inmitten meines komas
zeigt mir die wälder die
ich verlasse um mich wiederzufinden
in den bäumen der enthaltsamkeit

DADA

der storch meines zehs
am regenbogen einer harfe

gläserne bögen eines schrittes
vom kristall einer saite
ein schritt ohne zehe gleicht
einer harfe ohne finger ohne schnabel
und regen
die säle der klage umschlossen
von den zungen meiner beine

die sich spannen gleich regenbögen
über das gehöft des jammers

zerbröckelt das bein des storches
unter dem gewölbe meines schrittes

DER MORGEN BEGINNT IN MIR

heute ist herbst unterhalb meiner lippen
fruchtiger als der apfel ist mein aug
verlassen hab' ich die noten des tages
zu singen die strophe des blutes

heute begegne ich der begegnung in ihr
nichts existiert außer ein lächeln
erwacht aus den träumen des sandes
und sein treib
in deinen armen fruchtiger
sprudelnder morgen verrinnt

heute sage ich, begleitet meine wege
gefährten des laubes stumme säulen
meiner brust
erwacht seit ihr in den kerkern der sonne
älter als der mensch und die nacht

heute heißt es sich fest zu verankern
wenn meine beine die geschwindigkeit betreten
meine kraft die lichter öffnen
für das all in deinem herzen

ETAGEN FÜR NIEMANDEN

über der gestalt eines brennenden windes
stützen welkende türme sich
an furchtlosen wogen fühlend
wie der atem einer nessel

reif das blau eines erregten pfahles
dem schaffen das gewicht auflegt
gedanken aus untergehenden feldern reißt
über den federn der gerechtigkeit
den schweren sprossen entstiegen sind
windpfade der leichtigkeit

und der lachende sturm
den schatten die wände stehlen
und die kraft des sommers
in der sprachlosigkeit der kälte versickert

die flüssigkeit des tages des schaums
in tausend taube adern trocknet
und der steinwurf des erbarmens
die glut seines wesens findet

FRÜHLINGSTAG

ich
spreche in den
frühling
und
erwarte die antwort
vom
mächtigen sommer

LABYRINTH OHNE SCHATTEN

träume den wind seine farben
seine verzehrenden münder
traum der sich selbst sieht
von zwei gegenüberstehenden
spiegeln
den nackten traum
rein und vollkommen
der gesichtslose traum

zum duell sei aufgefordert
das laub des mondes
betreten von greisenhaften
sonnenstrahlen
von schmelzenden züchtern
eisboten
die ihre zähne
einer menschenlosen gestalt
zeigen

und ich schaue aus dem fenster
von den klageschreien
der völker verschlungen

betrachte das clownsgesicht
der erde
verderb und heiterkeit
der stummheit unserer augen

so erhöhe ich

die mauern des tränensees

entdecke das verkümmerte
und weise es
zum thron der rudimente
dem koenig der armen
seine stimme aus lava und fels
den berg des wahnsinns bezwingt

die pflicht der gebirge
der gräser und gräber
die pflicht namenloser blumen
das recht der galgen
die ruinen kriegerischer folgen
die schatten einer edelweiss
das trunkene schiff der wissenschaft
die pfade von schmerz und genesung
die entwurzelung des fleisches

blutiger als der schrei
von tod
und das wenig davor
dem leben
die heldenhafte hülle nehmen
doch dennoch
dank dem zufall der geburt

und das hungrige licht
des mondes
verschleiert in den tälern
des unwissens

die wiederkehrende enthüllung
des nichts
so sterben die toten
den toten gerecht zu sein

und forme die tage
die fliessen von sternen aus ton
für die maske des schlafes

MAN WIRD NICHT ÄLTER

ich verlasse mich
renne ausgelassen
über ein feld
der aufgehenden sonne
entgegen
kommt
seit wie ich
ganz kind

MIT DIR AUF DER AUTOBAHN

bleibt geschichte geschichte
mit dir oder fliehen wir
vor uns selbst

auf der narkoseautobahn
im selbstfindungstunnel
um alles zu vergessen

um alles von uns zu werfen
schweigend von streifen zu streifen
doch, alles theater

und der vorhang
wird sich nicht öffnen
höchstens vielleicht

wir fahren durch den gleichen tunnel
durch das gleiche hell
und durch das gleiche dunkel

TANZ DER BLÜTEN

ich öffne meine augen
um nichts zu sehen
die lider brennender berge
lider der trunkenheit
augen aus staub
um zwei nackte
winterrosen tanzen
und der kapitän
vor der seele
eines matrosen kapituliert
der fluss selig
über kinder schwimmt
wo verflochtenes glück
aus dem brunnen
des zufalls rinnt

WACHSEIN

von der weite
von der nähe
berichtet der mensch
im umgekehrten sinn

WEITER

links sehe ich nicht die beine des leguans
rechts nicht die schläfrigen hügel der laune

das wort mein freund
findet niemals einen dichter
das bild niemals ein gedächtnis
die skulptur niemals einen meister
das eis niemals die kälte
die eile niemals die sinnlichkeit
die paläste niemals die ruhe

ÜBER FLUSS IST GEGENWIND

ich musste schreiben schreiben schreiben
wie betrunkene in hoher versicherung
musste schreiben in evergreen container
schreiben schreiben - wie
vorbeirauschen einer dieselmaschine
während brücke vibriert

zwischen geländer und
mauer hindurch wo
blätter sinken und schiffe fallen
auf rote ziegel im spiegelstrudel
blühen verblühen erblühen
neu noch mal

schreiben auf gespannte waden
radspeichen
schreiben bergauf bergab,
solange profil noch
reicht mir tausend stifte sind leer

auf zeitungen mit schlechten artikeln
auf diktators nieren und sie aufhängen

an nadel am
kalten mond
ich mußte schreiben in ventilatorgedanken
vieler vieler
auf ölteppich und meine gedichte nach norden
tragen lassen - doch
wer trinkt das öl?

schreiben mit wasser im mund von pepperoni-
geruch nagle verschmutzte welt auf
schreibe mit staub auf
portemonnaiekannibalismus
ihr seht mein geld, falls ich etwas
besitze nicht mich, rauche kassenzettel-
zigarette und schreibe
schreibe schreibe

auf trinkenden reise-tee im zug im
reis von yuan-li im crépe von "el"
im pide mit schafskäse im melancholischen
tunnel
im verplombten nachtlicht im rollenden rad
der zeitferne

auf ginsbergs schatten, traf ihn heute morgen
vorm
waschbecken neben mir im wasser wo ich
schon
lange keine luft mehr bekam im fallenden

eifelturm 9000 tote
in abrisskugel eines kranes brünette schiene
zielort wahrheit

auf zunge eines spuckenden lamas
schreibe groß
im schoß des wüstensandes
im bauch einer robbe
bis mich mensch
hand knüppel erschlägt

im schwarz meiner decke mit schwarz
ich schreibe schreibe schreibe schreie
im eck meines algebrafensters
im stoff meines nachbarmantels
ohne knöpfe im faden
im knopfloch der angst mit fünfstundenrot
den tee nicht trinken da er seit
fünf stunden zieht, auf säule vor whitehouse
wird freigegeben für
ccnv - heimatlose

auf summen der schienen
frust
auf stiel eines eunuchen
faule weintraube ohne reben
stift der meinen finger durchstößt
auf schimmernden käfer der nacht unter
zierleiste
auf kriegknochen zertrümmerter
kugelgewalt

erbrochenes gewürz auf fleisch von
verrückter kuhkrankheit
scheinbetrunkene in afrika
auf rechnungen außer kontrolle geraten

auf akw´s mit leuchtendem stift bis mein
geistiges kind ein krüppel ist
stammt es vom schwarzen storch oder
war es der letzte atemzug eines missgebildeten
kalbes den ich hörte
hörte oh schmerz

unter entarteten eichenblättern oh schmerz
die bleisärge wurden schon vorher gegossen
trud trud trud im himmel
verstreue die hiobspost auf der ganzen erde

kurbel im sumpfigen keller
kranke in dogmenfabriken
auf feuerspuckendes
zehn pence schaukelpferd
zwei träume
auf schielblick des neids
weit unter schneefüßen im karton über
entlüftungsschacht
unter münzen im trombonensound
im pelz mit hautreizstoffen
gleich soweit
in zuschlagende türen gebe nicht auf
ohne aufzugeben im
tauben postamt gleich nebenan
und dann
warten im immer
im regen am fluss am uv-friedhof
auf innenseite
meines sargdeckels

DER KRIEG GERÄT IN VERZÜCKUNG

weinen, wüten, tote tore
brecht die zellen
schwingung patronenvibration rauch im ohre
klauen handeln organe schmuggeln
zerquetschen einzementieren geschmolzene finger
holzstiel pressen und verbuddeln
kreuze schlagen weiße taube flügelbruch zahnflügel
glanzlos nahtlos los und trümmer
kornköpfe gerstenköpfe schlagen farbe meeresspiegel
ast durch brust augen splitter
verkohlte heldenstiefel
sandspuren rot verweht orangen wind
grund verderb platze blind haut giebel
haut nuklear brenne rohr flieg zerstückelung
grund ebene wund ausgelöscht
der krieg gerät in verzückung

DIE WEGE DER NARREN

ein wappenschild trägt
seine jämmerlichkeit hinfort
doch -
wo soll es jene hintragen
außer in den krieg

WOHIN

heroische pflanzen halten dem
toben stand
das wasser im fluss weiß nicht mehr
warum es dem schub unterliegt
weiß es nicht
kanäle voll von übermäßigkeit
stoffe im mond erstarren, erbleichen
verpuffen
über dem kleinen, schäbigen
grabmal
fluss schneidet ..... oh,
diese tiefen, dieser rauch, diese asche
die asche schminkt kanäle
der rauch peitscht krusten blutig
nur in träumen
streifen füße staub
seltsam lange flure
enden im selbst, unverfälscht,
nah beim raum
weit in der zeit
landen im lot doch
seltsam scheint die maske
im spinnennetz

VERBINDUNGEN

ein berg krähen umhüllt das auge
des imaginären schlafes
es entkeimt das steinige im stein
für einen tiefen march
die knochenlawine für einen
unbeholfenen schritt das gewebe
des felsens für eine fels
unserer hände aus granit

VOM ENDE WEIT ENTFERNT

zwischen den augenbrauen
gleichgültiger wolken
sein antlitz schmilzt
durch die häute eines lächelns
verboten sei das lachen
sagt die maske der angst

befehl von aussen
dem vagabund dem harlekin
dem zauberer dem tunichstgut
den gesetzen horchend
dreht sich die mühle ohne wind

schwarzgetäfelte ader der zeit
deine dauer wohlschmeckend
sich tummelt
in der urne des universums

NUR RAUS HIER

gerannt bin ich in den süden
geflohen in den norden
hoffnung suchte ich im osten
verzweifelte jedoch im westen

draußen ist es kalt gewoden
und drinnen ummantelt mich
ein großes zittern
ich wandle durch traumwälder
deren farbe mich nährt

ich wandle durch zeiten die stumm
begegne den worten
wie der wald den wind
wie die bäume den staub
und peitsche den sturm

OHNE TITEL

es ziehen und zerren
an meiner geschmacklosen kleidung
innere einrichtungen

moloch reißt durch ein fenster
in ein system weißer punkte

ein foto von mir auf dem ich nicht bin
die kleider vom leib gerissen

nackt bin ich auf der rückseite des bildes
trage einen roten lackgürtel
zur völligen blamage

meine verstorbenen großväter
zotteln an meinen hosenbeinen
füllen die becher der blindheit

und alle sagen
ich solle mir neue kleidung zulegen

ZERSTÖRT

bleibt sitzen es ist
nicht erstrebsam aber bequem
alles schall und rauch, blaff... aus
zieht den capuchon über eure
bleichen gesichter
den pein zu verbergen sich zu verkriechen
einfach und gesichert
gegen den virus ich

schandtaten und verbrechen wurden
und werden begangen
tot
schlechte abenteuer bild weg
alles schall und rauch blaff... aus
schweigt - schweigt - stirb
bequem mörderischer attentat
nichts der gleichen am freien tag
toter tag
unruhen - nicht hier
umzingelt schwarzes kleid umhüllt
tote fische zäune links und rechts
versperren einem den weg

programmwahl mit vorteil
stand by
mattscheibe kaputte programmwahl
vorsicht - radioaktive fernbedienung
umschalten und kinder aus tschernobyl
es ist schön hier guten tag
eine hand kann ich dir leider nicht reichen

vier abergläubige briefmarken
sind im besitz eines jeden
tausche sie ein gegen das
was man auf der erde noch erde nennt

hoffnungen fließen als trauriges rinnsal
zwischen toten bäumen hindurch
in den trichter des gelben regens
nichts schönes wird es
in zukunft zu sehen geben

denn was nicht brennt ist beton
ändert die graue gegenwart
bevor sie in völliger dunkeheit
versinkt

TANGERFLÖTE

alter krüppel schlangeteller
deine stirn ist sehr hoch
und dein blut voller eierschalen
die haare blind vom sturm
und deine organe
das ende des kreises

IRGENDWO IN BROOKLYN

sie starrt aus der dunkelheit hinter
ihrem fenster zwischen verrauchten
vorhängen hindurch
auf den leeren basketballkorb unten im hof
ratten zischen durch pfützen
an der häuserwand entlang
rostige feuerleiter ohne fußspuren
mit losen schrauben und kranken stufen
der gestank des mülls quält sich
zum dampfenden himmel

napoleon zieht seine hand aus der westentasche
und faltet seinen hut zu einem müllcontainer
und ein rollender roter gummiball
über das blasse feld
und spiegelbildlose pfützen überall
links ein schrottplatz zwischen
zwei blocks begräbt sieben tote feldwebel
auf einer platine ohne wegweiser
der traum vom frieden der ku ist wait

leerer basketballkorb bleibt leer
bleibt leer ohne basketball

sie starrt aus der dunkelheit
hinter ihren fenster zwischen verrauchten
vorhängen hindurch zwischen verrauchten
vorhängen hindurch
verrauchte vorhänge
verrauchte vorhänge

verrauchte vorhänge

sie starrt aus der dunkelheit
und kreuze fallen vom flüssigen himmel
und klirren zu boden als vergessene herzen
hundeschatten schleichen
über das moos des randsteins
und verschwinden
ohne das man ihre namen kennt

gefallene werden begraben
auf einern friedhof mit weißen kreuzen
ohne das man ihre namen kennt
und ein toter gummiball rollt
über das blasse feld
und das grollen eines fliegers
pilotenfrühstück kampfgas
in verwelkte leiber stecken geblieben

leerer basketballkorb bleibt leer
bleibt leer ohne basketball

sie starrt aus der dunkelheit
und im nahen osten gibt es
h mit gedanken von h
asphyxie par les gaz
nie wieder - nie wieder - nie wieder

sonnenschirme verglühen
und der toterote gummiball
sichtbar im kreis des basketballkorbes
liegt in der eitrigen mulde eines sprungbrettes

UMKEHR

möchte erwerben diesen stummen tag
bin trunkvoll voll irrem drang
zu springen bin weit in allen vorstellungen
was hält ist das ende der vernunft
das andere
es durchfliegt ein bilderbuch

es ist weit und wunderbar sträucher gewächs
qnade du wirst am ende doch noch bluten

bin auf deinem dünnstem geäst pulverisiert
doch hier ist mir wohl in der enge hautkäfig
und alles was ist war
ich komme zu dir
mein iieber fänger dort unten ist es zu kalt
in deiner hand zu warm

verzeih meine wut die in mir zappelt
es ist alles soo - - - überland
ich komme mir vor in deinem gelächter
zerbrechlich doch was wärst du ohne mich
teller - - - telleer

SO RICHTIG JUNG

ich habe pfeffer in der nase
und du hast mit dem teufel
nichts zu tun lass die finger davon
begrabe den spaten und wundere dich wie
du das loch schließt

dieser pfeffer - ich muss niesen
blase die erde in ein tiefes loch

ich habe das licht gesehen
keine vision keine illumination
nein das wahrhaftige strahlende kreuz
in der eiche am friedhof

tom waits griff zur whiskyflasche
und ich brach ein neues päckchen
meines lieblingstabaks an. -m-.

dieser pfeffer ich muss niesen
heulen furzen grabe das loch
nicht zu tief die hand aus dem grabmal
verstreut die totessaat
lass die finger davon

weinfeld überschüttet dich
mit blauem wein
begrabe den spaten und wundere dich wie
du das loch schließt

verlasse als kind den friedhof frühzeitig

bevor du mit anderen dort verstecken spielst
wie ich es tat
bevor du das licht siehst wie ich es sah
schleicht in den wald
und zeigt euch eure ärsche
wie wir es taten
zeigt euch eure haarlosen mysterien
im dickicht im wald
wie wir es taten

dieser pfeffer - grauenvoll
ich heule würmer begraben
mit einem dürren spaten aber
grabe nicht zu tief es wird warm
du hast mit dem teufel nichts zu tun
lasse die finger davon
oh ich kenne mich aus sagt sie
du weißt nichts war meine antwort

lege den spaten beiseite
niemand rettet deine seele
hast du sie einmal verkauft
er wird noch früh genug
erde maden körper über dich schütten
bitte nicht um verzeihung
wenn du durch den garten läufst
der spaten in der bleichen erde steckt

reite den schimmel
bis du das ende der welt erreichst
dieser pfeffer
ich blase das loch mit erde zu

und der weg ist frei und
der spaten liegt tief im grund
und der spaten liegt tief im grund

SECHS STUNDEN IN DIE ZUKUNFT

es könnte so sein
viele kinder spielen sechs stunden
vor einer tasse tee
und schnarchen mit goldringen
in der lunge

oder so
die luft ist stickiger und
gürtellöcher schnallen sich enger
s odass es wahr sein möge

und so
die schuldigen kissen in verrenkter lage
möge ein kissen für die ewigkeit
verwöhnt werden mit schlaffen backen
wie schlaffe götter
ach und dieser blaue busen
soll er für ewig sein mit rotem haar
bis der café ins rollen gerät

oder
der himmel ist schlecht asphaltiert
und alle sehen mit geistigem auge
in die schuhe ihres nachbarn

an engel oder nikolaus
wir schenken euch einen neuen schlitten

für notlandung im paradies

wo lippen an vereisten kufen haften
soll es so sein

und algen halten unsere körper
fest umschlungen und unsere seelen
wandeln im unbeugsamen licht
der film bricht mit dumpfen hall
aus den köpfen
der in der ersten reihe sitzenden

und an der decke erscheint
das gelb leuchtende signal
fasten soul belt

10.000 meter über dem atlantik
21.10.1990

EINE FREUNDIN ERZÄHLT

wie war es für dich meine kleine
als ich die vernunft an
den zersplitterten spiegel schmiß
wie war es für dich
ein freund heulte
im gehabe das sich liebt haßt liebt

alles emotionen im
taumel selbstbehauptung grenzen
wie war es für dich
wie war es für dich
die wärme jemanden zu umarmen
wirklich zu umarmen
leere schriften zeugen
der einsame ohne zweifel
wie war es für dich meine kleine
wie war es für dich

blitzlichter klickklack klickklack
tokogonie auf eine menschliche schnalle
sie ist befruchtet seit
er die hose mit seinen schweißigen
fingern herunterließ

wie war es für dich meine kleine
wie war es für dich

man lacht mit
auch über sich selbst

sobald es in der gesellschaft
gefallen findet
kontrolliere deine letzte kundgebung
ausschließlich sie
braucht menschkontrolle oder
wie war das für dich meine kleine
wie war das für dich

zu verstehen wo die wirklichkeit
seinen nutzen hat
das war uns nie gegeben
das war uns nie gegeben
dieses ständig unvollkommene
dieses ständig halbe
dreht sich im
endlosen kreis der verzweiflung
oder wie war das für dich meine kleine
wie war das für dich
wie war das für dich

EIN LÄCHELN BIS FREUND KAM

ich lache gläsern im
durchsichtigen mann
bereit mit scherenblick
durch die welt zu laufen

ich lache am rechten bildrand
eines rundumschreibens und
lege mich nieder zu dir
einsamkeit um fliegenfrei
atmen zu können

salz zuckt durch meinen
bauch auf meiner liegestätte
und ich halte mich an träume
von hyeres

höre sehe fühle deine songs
alter freund auf bild mit heineken
alter freund t.w. auf altem sofa
und ich fühle mich
in falscher richtung
spazieren gehen
wie krebs

mein geld war aus
und zeit und stift waren vorhanden
um zu spinnen auf weiß
und ich sah mein schädel
zertrümmert vom sound
eines hilfeschreis

uh - uh - uhm

meine puppe die totstand
hinter mir
die ihren körper nicht verliert
und der blütenschaft der wartet
gegossen zu werden
für farbe in meinem zimmer

und ich sah einen freund
aus vergangener zeit
astheniker in irrenanstalt
und ich lachte mit salzenen wangen
schloss das fenster und gewann einen
freund im licht mit splitterauge

ROSTIGER WEINBRAND AUF TRAUERZUG

schattenmorellen im tiefen
schlund eines postkartenwals
wunder anal nagender gerüche
und wenn das mit dem hirn
im einmachglas nicht funktioniert
dann versuche es
mit einem quallenfrühstück

leber plus schrumpfung
ist leberzirrhose aber es
gehört auf jeden
gut gedeckten tisch
barfuß über den unkenteppich
hin zum gedeckten tümpel

schmeißt absurde gedanken
in eine entwicklerschale
sie werden anschließend fixiert
und eingerahmt
verkauft als groteskes werk
verzerrter sinnlosigkeit

traum vom karierten stumpf
eines gebrochenen sägegriffs
ein chamäleon weggefegt von
einem 3-d-color besen

viersebeliger roter stern
schießt in das scharlachrote nichts
symmetrische anordnung von

asymmetrischen blechgesichtern

falten schlagen
und das klick-klack
blechspielzeug in den fingern
zur unterstützung des herzschlages
ein voller aschenbecher
und ein schluck verwelkter
orangensaft

IN SPRING LOUNGE
(beobachtungen in einem new yorker pup)

war es bukowskis ode
in leder im dunkel
durch die rote bar
schwankend an ecke
melburry – spring street

wo boxen alte sinatra songs spielen

wo b&g bakery neapolitan bread
feuchtes schild rostet

wo airconditioning leute versteckt
nasse schilder trocknet

wo in der dunkelsten ecke
bordeaux nicht auffällt

wo bud an halbkreistheke
schräg gegenüber
permanent lächelt

wo im schlackenchor
happy birthday
mit rolling stones
im trommelfell
für den barkeeper gesungen

wo millercan six feet high
mit wasserhahn hai gefüllt

wo plastikfisch in roter tunke
den barkeeper bewacht

wo dreißig zigarettenstummel
im aschenbecher während
n.y. regnet

wo der *don´t walk*
vor besprühtem transporter
nicht weiß was er tun soll

wo die alte kasse rasselt
mit tausend schlüsseln
im hosenbund

wo ein langhaariger gnom
durch die bartür tritt
im budweiserlicht

wo zwei hereinkommen
und sich ihre schuhe
putzen lassen
von einem kleinen mann
in lumpen mit sexy
in wollmütze gestickt

und lachen mit abscheulichen
socken und winken mit
plutokratenscheinen

wo gläser sich füllen und leeren
im rot der ampel

regenschirme ihre besitzer tragen
mit wechselnder musik

wo hände auf tischplatten
den rhythmus aus der jukebox
begleiten im toten winkel

wo eiswürfel zum tau gerufen werden
wo hagere gestalt
im schatten einer säule
hohläugig in ein nacktes buch starrt
und schüttes haar lockt
oder ist das einfach nur new york

AMERIKA
(ich jage dir ein messer ins kreuz)

ich sah sie so da herumstehen
in sengender hitze
vor 'nem kaktus in arizona
in siegerposition
spielten durch 'nen kamm
und pergamentpapier
was denkt ihr ist euer ziel
wollt ihr ruhm
oder 'ne flasche gorbatschow
mit mir trinken

wo wollt ihr hin in nem fluß
aus schwarzem gold
die straße vermählt sich
mit dem sonnenuntergang
und eure schuhe
verbrennen zu asche

eine böe treibt sie
in die weite prärie
eine böe treibt sie
in die weite prärie

nach fuzhou ist's 'n langer marsch
dort zerfallen eure schuhe nie
'ne elster wird eure saiten stehlen

und 'ne python auf der lexington
verspeisen was wollt ihr noch länger

dort eure tränen werdet ihr beraubt
noch bevor sie euch entronnen sind

kommt trinkt gorbatschow mit mir
kommt trinkt gorbatschow mit mir

DIE STILLE

der dunkle flur ist leer
niemand hört
mich schreiben
sie wollen wiederkommen
zusammen heulen lachen
melancholisch sein oder
zittern
händefuchtelnd erlebtes
neu erleben
eng beieinanderstehen
auf dem gleichen bett
trinken und rauchen
ertrinken und nackt sein
bitterkeiten teilen
flug und absturz
hand in hand
den gleichen ballast
aus dem ballon
werfen
den duft der geheimnisse
in uns
gemeins atmen
sanft in den wahnsinn gleiten
niemand hört
mich schreiben
sie wollen wiederkommen
eine hagere
durchnäßte ruhe
im bleichen muster unseres
flures

die scheiben brechen
das mondlicht
werfen es metamorphisch
zu boden
uns umgestalten im
verfahren das wir
nicht kennen wie
die scheiben das
mondlicht
einige unserer
gesichter
in den katakomben
von paris morbid
gestapelt
höre
den gong
den gleichmarch durch
göttliche tore
alle hier
zum gehen
das gras wächst vermehrt
verengt demütigt
erwürgt sich
niemand hört mich
schreiben
sie wollen wiederkommen

ICH LIEBE MILLIONÄRE

o trump – ich bin der, der sich in deinem
tower nicht einmal eine türklinke
kaufen könnte

o trump – ich bin der, der sich in deinem
tower nicht einmal eine türklinke
kaufen würde

DER MANTEL DER SCHÖNHEIT

gibt sein geheimnis preis
und öffnet sich
knochen und verfall
die zeit möge erblassen
gesichter verstummen

zäh zieht der zorn
durch unser gleiten
dahin im fortwährenden
schacht

diese ausdauer
ausklügelnder massen
schreiende augen
blindwütige ohren
das prinzip das
dahinrollt und
es sich zusammenträgt
in leere kapuzen
und das licht seinen schatten
unter ihnen verbirgt

die trauerweide deren
zweige sich neigen
zu einem gebet

lassen uns hindurch
einmal zweimal
vorbewegen
die peitsche die sich

an unserem kreuz
vergnügt
den gleisen auf alle viere
entlang getrieben
der sonne entgegen
auf einem teppich
dessen muster wir nur sind

zerstückelt wahllos
ausgemergelt
schmeißt ihn ins feuer
er wird ....
sie wollen den fluß
nicht überqueren
um zu löschen
was sie am leben erhält

ES ISST

ausgemergelte hungrige wanderer
am laubfischstrand
winken ihren
ertrinkenden müttern nach

schleudernde köpfe hageln
auf aluminiumdächern

wütende bse kranke
vom fleischbalkon springen

tausend vergängliche hände
umfassen euter und milchkannen

voll trauer leberwurstvergiftete messer
in verarbeitetes fleisch eindringen

kieferkrampf wiedergeburt
und schweine verhaken sich
mit stacheln
an unseren gefräßigen gaumen

BROOKLYN WILLIAMSBURG JAN. 1989

asphalt grau zerbröckelt
straßen nicht schimmernd
matt mumien gelb
fauliger geruch aus oxidierten kanaldeckeln
crackkapseln am boden
verwelkte leiber am straßenrand
modrige hütten verbarrikadiert

grüne schatten zerfledderte plakate
von unbedeutenden veranstaltungen
randsteine überwandert von
füßen der einsamkeit
künstlerfüße schwarze nägel
fleischasphalt -
straße verurteilt dort in ewigkeit zu verharren
wändegrau

wunden klaffen auf
auf der straße und schreien nach erbarmen
das ohr auf der wunde
sie schießt tropfendes blut
der zeit in die halsschlagader

die staße als droge
einmal überquert
und man möchte sie
nie wieder verlassen
straßenkatzenbegräbnis

straße schicksal der heimatlosen

allee der brennenden container
straße ohne ziel grau
für die ewigkeit

straße überfahren
betreten angespuckt
die straße als lauschendes
totes objekt
regen brasselt nieder
und die straße bleibt tot
sonne bohrt sich in den schwarzen teer
und die straße bleibt tot

ratten zischen über bemoosten asphalt
und die nacht schleicht über die straße
und glühende augen fließen
als trauriges rinnsal in den dampfenden
untergrund
und blinkende messer erleuchten die nacht
und sie wartet bis das jagdhorn
orientierungslose schatten
aus ihren verstecken ruft
in grand street brooklyn new york

SCHLUSSWORT

mein kopf der hund
hat mich gebissen

Künstler gegen den Krieg

Von Frank Dan Hofacker liegen außerdem vor:
So verdiene ich Geld mit Fotos (2012)
Die Flügel des Schmetterlings (2013)

kontakt:
frank dan hofacker
keltenstraße 36
67071 ludwigshafen/oggersheim
t: 0176-63 22 73 60
mail: medienwerker@web.de
www.thebog.de